Copyright © 2013 desta edição, Casa da Palavra.
Copyright © 2013 Cesar Barreto.

Todos os direitos reservados e protegidos pela Lei 9.610, de 19.2.1998.
É proibida a reprodução total ou parcial sem a expressa anuência da editora e do autor.

Copyright © 2013 for this edition, Casa da Palavra.
Copyright © 2013 Cesar Barreto.

All rights reserved and protected under the Law 9,610, from Feb 2nd 1998.
Any total or partial reproduction or representation of this work is prohibited without the express consent of the author and the publishing house.

O conjunto de 63 imagens impressas em papel fotográfico que serviram de base para as reproduções deste livro foram doadas para o Museu de Arte do Rio (MAR) em novembro de 2013.

MUSEU DE ARTE DO RIO

Direção editorial
Editorial Direction
ANA CECILIA IMPELLIZIERI MARTINS
MARTHA RIBAS

Edição *Edition*
ANA CECILIA IMPELLIZIERI MARTINS

Coordenação de produção editorial e gráfica
Editorial and Graphic Production Coordinator
CRISTIANE DE ANDRADE REIS

Assistente de projeto
Project Assistant
JULIANA TEIXEIRA

Tratamento das imagens
Image Treatment
CESAR BARRETO
THAIS BERLINSKY

Capa e projeto gráfico
Cover and Graphic Design
DUPLA DESIGN

Textos *Articles*
CESAR BARRETO
PEDRO KARP VASQUEZ

Copidesque *Codydesk*
ROBERTO JANNARELLI

Versão em inglês *English Version*
RICKY GOODWIN

Revisão *Proofreading*
MARIANA MOURA
ALINE CASTILHO

Marketing cultural *Marketing*
JACQUELINE MENAEI | MAISARTE

Foto do autor *Author Photo*
VICTA DE CARVALHO

CASA DA PALAVRA PRODUÇÃO EDITORIAL
Av. Calógeras, 6, sala 1.001, Centro
Rio de Janeiro – RJ – 20030-070
21.2222-3167 | 21.2224-7461
divulga@casadapalavra.com.br
www.casadapalavra.com.br

CIP-BRASIL. CATALOGAÇÃO NA PUBLICAÇÃO
SINDICATO NACIONAL DOS EDITORES DE LIVROS, RJ

B261r
Barreto, Cesar, 1958-
Rio Pictoresco / [texto e fotos] Cesar Barreto, [texto] Pedro Afonso Karp Vasquez; [edição] Ana Cecilia Impellizieri Martins.
1. ed. - Rio de Janeiro: Casa da Palavra, 2013.
Versão em inglês
ISBN 978-85-7734-443-7
1. Fotografia. 2. Rio de Janeiro (RJ).
I. Vasquez, Pedro Afonso Karp. II. Martins, Ana Cecilia Impellizieri. III. Título.
13-06820   CDD: 779.9918153   CDU: 77.047:94(815.31)

A Prefeitura da Cidade do Rio de Janeiro e a Secretaria Municipal de Cultura apresentam o livro *Rio Pictoresco*.

PATROCÍNIO

APOIO

Dear Klaus,

Thank you for having me here in Erlangen! I hope you can also visit my city Rio de Janeiro one day!

Best wishes,
Lucia
2014

RIO PICTORESCO   **CESAR BARRETO**

Casa da Palavra

SUMÁRIO

08 A CAMINHO DO RIO
CESAR BARRETO

10 VISÕES DE UM PARAÍSO POSSÍVEL: O RIO DE CESAR BARRETO
PEDRO KARP VASQUEZ

20 A DESCOBERTA DA PAISAGEM CARIOCA. UM PERCURSO NA GEOGRAFIA E NO TEMPO.

96 O RIO EM GRANDE FORMATO
CESAR BARRETO

98 DAS CÂMERAS E TÉCNICAS

101 ENGLISH VERSION

114 ÍNDICE DAS IMAGENS

Fotógrafos. Talvez sejamos um dos grupos mais diversos jamais visto, comboiando desde o amador hiperequipado que bisbilhota passarinhos ao destemido repórter que encara bombas no dia a dia. Entre um e outro, uma infinidade de profissionais com interesses e linguagens tão diversos, mas unidos por um traço comum: a paixão pelo ofício. E esta há de ter sido minha principal motivação nesses trinta e oito anos de carreira.

Uma vez descobertos os encantos da luz vermelha, do poder de fixar as coisas que me encantavam e ainda delas procurar a síntese, o recorte ideal, a melhor tradução na curta escala de tons do universo em preto e branco, tudo isso me contaminou de forma definitiva, sem deixar chance para outros interesses me ocuparem a perspectiva.

Mesmo que ao longo desse trajeto a profissão tenha me levado por caminhos imprevistos – tendo fotografado de quase tudo um pouco desde os anos de formação em Niterói –, percebo com clareza que mantenho firmes as mesmas pulsões de quando rodei meus primeiros filmes, ainda cursando o básico na Sociedade Fluminense de Fotografia.

A primeira descoberta foi de que o termo "fazer" fotografia para mim teria um sentido próprio, significando sempre que possível pôr a mão na massa, ou na química, e de fato realizar todas as etapas do processo. Nesse sentido, os processos em cor rapidamente se revelaram especialmente frustrantes ou, pior ainda, muito irritantes, pois sempre teria que conviver com terceiros que finalizariam meu trabalho. Qual era a graça disso, afinal?

A segunda percepção foi a de que precisava e preciso aliar prazer ao que faço. Fotografar natureza, seja em amplas cenas ou nos detalhes mínimos da observação em macro, tornou-se logo assunto de meus primeiros ensaios, quase sempre associados aos momentos de lazer ou fugas existenciais. Que melhor maneira de descansar do que levar câmeras para passear na Ilha Grande?

Por fim, o que talvez sempre tenha me conduzido, embora só o percebesse após muitos anos corridos na estrada, tenha sido a agradável ilusão de ser, ao menos em parte, amo e senhor do tempo. Não que o sol ou as marés me obedeçam, naturalmente, mas o domínio da função tempo é no fundo uma das ferramentas mais potentes da fotografia e de longe a que mais me atrai. E na fotografia de natureza isso se potencializa, pois o ato da contemplação deixa de ser mera vacância intelectual para se tornar parte inerente do processo de criação. Uma vez concretizada mentalmente a imagem, esta será então congelada no tempo, provavelmente numa fração de segundo, mas que se fará presente por séculos a seguir. Já no momento seguinte voltamos a estender a percepção do tempo, entrando no laboratório e literalmente parando o mundo enquanto damos vida a uma imagem latente. O domínio da função tempo não apenas agrada ao espírito, mas também cria as condições de exercer plenamente nossas intuições e abre campo para um lazer produtivo raro de encontrar no mundo real.

Juntando as partes, é fácil perceber como se tornou inevitável que a paisagem carioca viesse a dominar meus horizontes. Na medida em que a vida profissional me agrilhoava aos vaivéns da ponte Rio-Niterói, não havia como deixar de reconhecer a cada esquina uma imagem já vista e revisitada por autores do passado, ou simplesmente não me encantar com momentos raros quando as luzes da natureza resolvem transformar cenários do cotidiano em obras de arte acabadas.

Fotografar o Rio passou então a ser um exercício de ócio produtivo, momentos em que revisito o pioneiro *Brazil Pittoresco*, de Victor Frond, ao mesmo tempo que tenho a chance de efetivar uma documentação afetiva do *meu* Rio, aquele que me faz sentir presente a necessidade de preservar um tempo em que a natureza se eterniza e abraça a civilização crescente.

Esse *meu* Rio tem fronteiras próprias, não reconhecíveis em mapas oficiais ou programas de computador, mas acredito que mantenha forte sua presença na mente de todos os cariocas, nativos ou adotivos. Um Rio que nos encanta e inspira.

VISÕES DE UM PARAÍSO POSSÍVEL: O RIO DE CESAR BARRETO

PEDRO KARP VASQUEZ

Cesar Barreto é um mestre contemporâneo da fotografia brasileira. Fato conhecido de todos aqueles que têm acompanhado sua carreira nas últimas três décadas e que o presente livro vem corroborar de modo inequívoco, conferindo a seu trabalho a merecida consagração da obra impressa.

Rio Pictoresco evidencia sua filiação à ilustre linhagem dos grandes paisagistas cariocas, que celebraram a cidade-síntese do Brasil tanto pela fotografia quanto pela pintura, em particular ao fotógrafo oitocentista Marc Ferrez, referência que o próprio Cesar sempre se preocupou em enfatizar em entrevistas ou textos. Mais ainda, estudou a técnica do mestre e optou pelo uso de câmeras de grande formato muito semelhantes àquelas usadas pelos fotógrafos de fins do século XIX e início do século XX. Opção técnica que evidencia uma linha de ação sintonizada com a essência profunda da fotografia e de sua especificidade visual.

Cesar Barreto é um fotógrafo completo e, podemos dizer, um dos mais competentes da história da fotografia brasileira. Sim, de todos os tempos, incluindo os séculos XIX, XX e o atual XXI, mas deixando de fora o próximo, no qual, certamente, a fotografia clássica – de película e processamento químico – não mais existirá. Terá sido substituída porventura pela "imagem vislumbrada", capaz de registrar automaticamente (com o enquadramento adequado, as cores desejadas e a saturação perfeita), os cliques mentais que todos nós damos espontaneamente ao caminhar pelas ruas, sem a necessidade sequer da "câmera olho" imaginada pelo cineasta russo Dziga Vertov e que parece encontrar agora sua consubstanciação industrial no Google Glass[1].

A disciplina necessária para se tornar um fotógrafo erudito como Cesar Barreto é comparável àquela exigida do músico erudito, perpetuamente dedicado ao estudo, à pesquisa e ao treinamento. Existe enorme diferença entre o fotógrafo que se encarrega de todo o processo – tomada da foto, revelação e ampliação – e aquele que se limita a fotografar, deixando a outros o encargo de revelar os filmes e de efetuar as ampliações. Não existe desdouro para quem opta pelo caminho mais simples, no qual podemos encontrar monstros sagrados como Henri Cartier-Bresson. Mas não resta dúvida de que o profissional capaz de se ocupar de todo o processo tem algo de distintivo. É uma situação que se assemelha à do compositor-intérprete, que sempre é mais interessante que os simples intérpretes de suas canções. Portanto, os autores que fotografam, revelam seus filmes e processam suas ampliações devem ser arrolados num patamar superior ao daqueles que não os fazem. Isso porque são eles os legítimos herdeiros dos pioneiros (obrigados a produzir até mesmo o próprio material fotossensível), que delinearam o perfil da linguagem fotográfica naquilo que ele tem de distintivo e específico, ao mesmo tempo que dotaram a humanidade de uma forma inteiramente nova de perceber o mundo e de se relacionar com a realidade.

A CONSTRUÇÃO DE UM OLHAR

Não existe inovação sem profundo conhecimento da tradição. Prova disso é, por exemplo, o movimento cinematográfico da Nouvelle Vague, desenvolvido por cineastas que em sua esmagadora maioria vinham da crítica de arte, reunida notadamente em torno dos *Cahiers du Cinéma*. Godard, Truffaut, Resnais, Rohmer, Chabrol e Rivette só puderam renovar o cinema francês na década de 1960 porque eram profundos conhecedores da

---

1. Ver: http://www.google.com/glass/start/what-it-does/

história e da teoria do cinema. Da mesma forma, a bagagem cultural de um fotógrafo se evidencia na própria produção, como ocorre nos casos de Robert Mapplethorpe e Cesar Barreto. A diferença do trabalho deles é tão evidente que poderia parecer arbitrário, ou até mesmo despropositado, aproximá-los, e se o fiz foi porque ambos tiveram uma formação plástica semelhante, na medida em que beberam diretamente na fonte de seus predecessores, com uma condição rara e privilegiada.

Embora tenha estudado desenho, pintura e escultura no Pratt Institute, Mapplethorpe só pôde conhecer a fundo a obra e a técnica dos grandes mestres da fotografia por intermédio da formidável coleção constituída por Sam Wagstaff, colecionador e curador com quem manteve um longo relacionamento amoroso e que foi seu principal incentivador. Na casa de Wagstaff, Mapplethorpe teve a oportunidade de examinar detida e repetidamente, com as imagens efetivamente em mãos, as obras de mestres que só poderiam ser vistas em exposições ou nas reservas técnicas dos museus. Há o distanciamento das molduras no primeiro caso, e múltiplos impedimentos (como o uso de luvas e o distanciamento tátil oferecido pela montagem em *passe-partout* ou pelo uso de *sleeves* de acetato) no segundo.

Cesar Barreto não estudou formalmente, em nível acadêmico, artes plásticas ou fotografia, mas teve a oportunidade do convívio estreito com as mais diversas obras de arte de forma mais intensa e diversificada que muitos curadores, conservadores ou professores. Isso porque, durante mais de duas décadas, ele realizou trabalhos de reprodução ou de fotografia de obras de arte com a finalidade da publicação de variados tipos de impressos. Frequentou as mais prestigiosas instituições nacionais, tais como o Museu Nacional de Belas Artes, a Biblioteca Nacional, o Arquivo Nacional, o Museu Imperial, o Museu Histórico Nacional, o Museu de Arte Moderna do Rio de Janeiro e dezenas de outras mais. Cesar teve em mãos pinturas, esculturas, desenhos, gravuras, fotografias, livros e documentos das mais diversas naturezas e suportes. E os examinou com mais apuro do que boa parte dos estudiosos que analisou a produção desses artistas. Por outro lado, durante anos, Barreto também realizou ampliações para exposições de alguns dos mais importantes fotógrafos e artistas plásticos brasileiros contemporâneos, ajudando-os a conferir corporificação aos seus sonhos e projetos visuais. Essa dupla experiência funcionou como um amplo aprendizado, muito superior ao que poderia ser oferecido pela melhor das universidades.

NA MESMA SENDA, MAS COM OUTRA PERSPECTIVA

Em diversos momentos Cesar Barreto teve seu trabalho associado, por ele mesmo ou por terceiros, ao legado de dois grandes mestres do paisagismo fotográfico carioca: Marc Ferrez e Augusto Malta. Em algumas dessas ocasiões ele se preocupou em salientar sua ligação maior com Ferrez do que com Malta, o que, aliás, salta aos olhos do observador qualificado.

Augusto Malta, por sua vez, sempre procurou alinhar seu trabalho com o do mestre maior da fotografia oitocentista, a quem ele costumava procurar com frequência para pedir conselhos técnicos ou simplesmente para imergir na atmosfera criativa de seu ilustre predecessor. Marc Ferrez era filho e sobrinho de dois ilustres escultores integrantes da Missão Artística Francesa, respectivamente Zéphyrin Ferrez (pioneiro da medalhística no Brasil) e Marc Ferrez, de quem herdou o prenome. E quando ficou órfão foi acolhido em Paris por outro escultor e gravador de medalhas, grande amigo de seu pai, que se encarregou de sua educação: Alphée Dubois. Não houve, portanto, na educação

do fotógrafo Marc Ferrez nenhum tipo de negação ou repúdio às normas clássicas que regiam as principais disciplinas artísticas de seu tempo. Ao contrário, Ferrez introjetou de modo absolutamente natural e orgânico os princípios artísticos clássicos, aplicando-os e adaptando-os de forma magistral à fotografia, ao mesmo tempo que incorporava as técnicas específicas da nova disciplina artística, num processo de harmônica simbiose que ajudou a moldar a sintaxe fotográfica.

De modo semelhante, Cesar Barreto absorveu milhares de imagens e centenas de códigos visuais ao longo da convivência com as obras dos grandes fotógrafos e artistas que lhe cabia reproduzir nos museus e nas bibliotecas. Assim, por um processo de osmose seletiva, incorporou o que lhe pareceu válido nas obras do passado, revitalizou esse legado com uma pesquisa técnica profunda, firmando as bases de um trabalho paisagístico de grande valor. Criou uma verdadeira obra, que constitui certamente um dos últimos grandes conjuntos autorais de fotografia clássica, aquela feita em preto e branco com película à base de prata e gelatina. Isso porque, malgrado a determinação de alguns e os esforços revitalicionistas de outros, chegará um momento em que a indústria cessará de prover o mercado de material fotossensível de fatura tradicional, e a migração para a imagem digital se fará de forma definitiva e inexorável. Enquanto isso não ocorre, Barreto se equilibra no fio da navalha, procurando aproveitar o melhor de dois mundos, numa saudável fusão entre as técnicas tradicionais da fotografia e as bem-vindas inovações propiciadas pela imagem digital. Em seu caso específico, isso se dá somente no tratamento posterior dos negativos e nunca no momento de produção das imagens.

Portanto, no que diz respeito ao ato fotográfico propriamente dito, Cesar Barreto continua obedecendo estritamente à tradição, seguindo os caminhos delineados pelos precursores do paisagismo fotográfico carioca; porém, descortinando novos horizontes a partir da própria vivência pessoal e também da evolução sofrida pela fotografia no século e meio decorrido antes de sua entrada em cena como fotógrafo. Assim, quando realiza vistas nos mesmos locais fotografados por alguns dos grandes nomes da fotografia paisagística oitocentista, ele o faz de forma diferenciada e renovadora.

As vistas e os panoramas reunidos em *Rio Pictoresco* focalizam prioritariamente a orla marítima do Rio de Janeiro e de Niterói, mas contemplam também aspectos dos morros e montanhas do Maciço da Tijuca. As cidades se misturam e se combinam naquilo que têm de idêntico: a topografia privilegiada, exaltada em prosa e verso, que parece ter nascido predestinada para servir de cenário fotográfico e locação cinematográfica e televisiva. O célebre epíteto de "cidade maravilhosa" foi atribuído ao Rio pelo escritor Coelho Neto e amplamente popularizado a partir de 1934 com a marchinha "Cidade maravilhosa", de André Filho. Tudo isso é sabido, continuamente repetido e jamais contestado, pois a cidade é de fato maravilhosa, a dúvida consistindo apenas em saber se é a mais bonita do mundo ou apenas uma das dez mais bonitas, numa pseudoceleuma tão ociosa quanto insolúvel. Mas é interessante lembrar que a fama da cidade não começou nessa época, e sim muito antes, no início do século XIX, quando Salvador e Recife eram mais bonitas do ponto de vista arquitetônico e urbanístico, além de se beneficiarem também de topografias absolutamente singulares. Com efeito, o decano dos historiadores brasileiros, Luís Gonçalves dos Santos (o Padre Perereca), ao relatar a chegada de D. João VI ao Brasil em 1808, não hesitou em exclamar: "Rio de Janeiro, cidade a mais ditosa do Novo Mundo!"[2]

---

2. SANTOS, Luís Gonçalves dos. *Memórias para servir à História do Reino do Brasil*. Brasília: Senado Federal, 2013, p. 295.

Some-se a isso o fato de que a cidade foi também, sucessivamente, capital do governo colonial, capital do Império e capital da República, e será fácil compreender por que o Rio foi e permanece sendo a cidade mais representada pelos diferentes meios de expressão artística. Circunstância que torna cada vez mais difícil para os autores contemporâneos fotografar a cidade com um enfoque consistente e renovador, proeza conseguida por Cesar Barreto.

CONVERGÊNCIAS, PARALELISMOS E EXPANSÕES

Entre os pioneiros do paisagismo fotográfico carioca figuram Revert Henry Klumb, Victor Frond, Augusto Stahl, George Leuzinger, Marc Ferrez e Juan Gutierrez, sendo que os três últimos se aventuraram do outro lado da Baía de Guanabara. Entre eles, Marc Ferrez foi o que mais visitou Niterói. Contudo, quando hoje Cesar Barreto percorre, no século XXI, os mesmos caminhos da orla niteroiense que o mestre percorreu na segunda metade do século XIX, focaliza a paisagem com ótica bastante diversa. Isso porque Ferrez, como a maioria dos fotógrafos paisagistas oitocentistas, privilegiava a descrição topográfica. Mesmo porque, aqui no Brasil – em virtude da interdição portuguesa de representação do país, suspensa apenas após a transferência da família real para cá, em 1808 –, em muitos casos os fotógrafos eram os primeiros a representar determinadas regiões. Não foi o caso, evidentemente, do Rio de Janeiro, que na qualidade de sede do governo colonial sempre concentrou a atenção dos chamados artistas viajantes, os únicos que conseguiram burlar o interdito lusitano. Porém, no caso de Niterói, tão próxima do Rio, é interessante lembrar que o primeiro contingente de artistas que celebrou suas paisagens de forma sistemática, o Grupo Grimm, o fez duas décadas depois dos primeiros fotógrafos. Isso porque o esforço didático de Georg Grimm na região se deu entre 1884 e 1886, enquanto George Leuzinger já havia registrado fotograficamente a cidade em torno de 1865, obtendo inclusive premiação com algumas das vistas que nela realizou na Exposição Universal de Paris, em 1867.

Tanto Leuzinger quanto Stahl, Ferrez ou Gutierrez foram, portanto, naturalmente levados a adotar um enfoque de descrição topográfica em virtude da própria natureza pioneira dos seus registros paisagísticos. Ao passo que a visão de Cesar Barreto é mais interpretativa que descritiva, conforme pode ser constado se compararmos sua vista da Ilha da Boa Viagem aqui reproduzida com algumas imagens de seu predecessor. Marc Ferrez fotografou lindamente a ilha, mas teve a preocupação de enquadrá-la a partir da Praia da Boa Viagem, mostrando a pequena ponte que faculta a ligação com o continente no período de maré alta, os pescadores puxando rede na areia... Apresentando um repertório completo e descritivo dessa simpática ilha, que é um dos mais antigos locais de ocupação humana no país. E cujo nome alvissareiro deriva do costume dos viajantes antigos buscarem a igrejinha que se ergue em seu cume, para agradecer a travessia feliz do Atlântico no período anterior à navegação a vapor, quando os naufrágios não eram raros e o percurso entre a Europa e o Brasil podia ser longo e nauseante.

Os fotógrafos paisagistas contemporâneos já estão alforriados há muito da obrigação de oferecer uma descrição visual metódica e abrangente dos sítios que focalizam, pois já existem numerosos registros de cunho topográfico da paisagem fluminense, inclusive os aéreos. Cesar Barreto teve então a oportunidade de se concentrar no trabalho de expressão pessoal, pois tal como explicou William Jenkins ao efetuar a curadoria da antológica exposição *New Topographics: Photographs of a Man-Altered Landscape*[3], o mais importante hoje é o enfoque pessoal e não o mero registro documental. E o que já era verdade há cerca

---
3. Inaugurada em janeiro de 1975 no International Museum of Photography da George Eastman House, em Rochester, EUA.

de quarenta anos é mais verdade ainda hoje em dia, quando satélites fotografam cada metro quadrado do planeta ao passo que as câmaras do Google Street View fazem o mesmo no nível do solo, de tal forma que em breve não haverá um centímetro sequer de terreno virgem nas zonas urbanas da Terra.

Ao focalizar outros trechos da orla niteroiense, Cesar Barreto o fez com liberdade para criar, nos oferecendo vistas e panoramas que não procuravam apenas informar, mas também inspirar, enlevar e fascinar. Imagens realizadas em condições de forte contraluz, reduzindo as montanhas a uma massa negra em que os prédios desaparecem ou se tornam indistintos, para que prevaleça a beleza da composição. Em certos casos, referências icônicas da paisagem, como o Pão de Açúcar ou o Cristo Redentor, podem desaparecer por trás da cortina de nuvens acentuada pelo uso de filtros capazes de transformar um prosaico entardecer numa visão deslumbrante ou nuvens de tempestade numa epifania apocalíptica. Por sua vez, o perfil do Rio visto a partir das imediações da via de acesso à Fortaleza de Santa Cruz, no bairro niteroiense de Jurujuba, se transmuta numa visão inesquecível, evocativa daquela que porventura tiveram Américo Vespúcio e seus companheiros de jornada ao se tornarem os primeiros europeus a cruzar a entrada da barra em 1º de janeiro de 1502.

MERGULHANDO NUM RIO DE LUZ[4]

Ao privilegiar a orla marítima, o roteiro fotográfico de Cesar Barreto se sobrepõe em alguns casos aos dos fotógrafos oitocentistas, porém com uma sensível diferença angular nos trajetos percorridos. Isso porque o Rio de Janeiro sofreu sucessivos processos de aterramento ao longo do tempo, de tal forma que a praia de Copacabana perenizada por Marc Ferrez em seu aspecto quase primevo e a de Augusto Malta, que registrou sua urbanização e sua expansão arquitetônica, não existe mais. Calçada e areia antigas foram engolidas pela segunda pista de rolamento (sentido Posto 6 – Centro) e pelo calçadão. Da mesma forma, toda a área costeira desde a Zona Portuária até o sopé do Pão de Açúcar foi aterrada em sucessivos momentos: a criação da Avenida Beira-Mar, que depois foi encapsulada pelos aterros da Glória, do Flamengo e de Botafogo, ao passo em que desapareciam as diversas prainhas, sacos e enseadas da Saúde e da Gamboa com as obras de retificação do Cais do Porto. A modificação mais espetacular nesse sentido foi a criação do bairro da Urca, tão prezado por Cesar Barreto, também fruto de amplo processo de aterramento a partir da preparação da Exposição Nacional de 1908. Da mesma forma, na área central da cidade, grande parte da região – onde se encontram hoje o aeroporto Santos Dumont e o Museu de Arte Moderna – nasceu a partir do aterro realizado para a instalação da segunda grande exposição republicana, a Exposição Nacional de 1922. A cidade tem se modificado tanto e de modo tão contínuo que, parafraseando o conhecido adágio espiritualista que afirma ser impossível se banhar duas vezes no mesmo rio, podemos dizer que ninguém fotografa duas vezes o mesmo Rio de Janeiro. Esse Rio em que existe a desconcertante convivência entre esplendor e miséria num cenário de sonho, como se o Portal do Paraíso se abrisse direto sobre as Portas do Inferno, conjugando o tudo e o nada numa mesma possibilidade de beleza e perfeição eternamente diferida.

CURVAS E SINUOSIDADES SOB O DOCE DESLIZAR DO OLHAR AMOROSO

Oscar Niemeyer sempre salientou o fato de que sua arquitetura toda feita de curvas foi diretamente inspirada na sensualidade feminina da paisagem carioca. O mesmo pode ser dito da fotografia de Cesar Barreto, que se assemelha a um caso de amor com a paisagem do

---
4. Retomando aqui, à guisa de homenagem, o belo título da coleção de fotografia do Fondo de Cultura Económica do México.

Rio e de Niterói, que ao se combinarem diante da entrada da Baía de Guanabara envolvem o espectador como o acariciante abraço da pessoa amada. Nesse sentido podemos dizer que da mesma forma em que alguns textos da mística cristã – notadamente os de Santa Teresa de Ávila e de Sor Juana Inés de la Cruz – estão impregnados da sensualidade das cartas de amor ao ente amado, os panoramas e as vistas fotográficas de Cesar são mensagens visuais de amor à cidade amada, como tão belamente a denominou Antonio Bulhões[5].

Todas as referências aquáticas feitas anteriormente nada tiveram de gratuitas, servindo antes para antecipar a revelação de que Cesar Barreto é um exímio nadador, o que faz dele alguém que literalmente mergulha na cidade, apreendendo-a de modo diferente do observador normal, mesmo dos *flâneurs* inspirados como João do Rio ou Lima Barreto, que sempre descrevem a cidade do ponto de vista do caminhante. Quando nada, Cesar contempla a cidade da mesma perspectiva marítima dos surfistas, dos pescadores e dos primeiros navegadores que a viam surgir das brumas da manhã – quando os navios penetravam na baía ao alvorecer – ou em meio ao incessante sobe e desce das ondas. Não é de estranhar, portanto, que as figuras humanas mais presentes em suas imagens são as dos banhistas, recortados em contraluz de modo a transformá-los em personagens simbólicos – figurantes involuntários de uma obra de arte – e não seres identificáveis, com RG, CPF e título de eleitor. São homens, mulheres e crianças que são todos nós e nenhum de nós a um só tempo, para perpetuar a beleza nos sais de prata da fotografia.

Nesse sentido, vale lembrar que Cesar Barreto tem se empenhado na constituição de uma verdadeira obra fotográfica, produzindo um *corpus* imagético de grande significância e de inegável valor estético. São diversas fotografias que já nasceram predestinadas à permanência e à aclamação, sendo importante lembrar que para um fotógrafo que opera com câmeras de grande formato isso tem um significado totalmente diferente da produção dos fotógrafos que operam com 35 mm ou com as tecnologias de natureza digital. Isso porque a fotografia de grande formato produz uma única imagem de cada vez, clique a clique, pausada e reflexivamente, de tal forma que a imagem conservada após o descarte daquelas eventualmente imperfeitas é sempre uma obra em si. Por outro lado, um fotógrafo de imprensa quando recebia uma pauta simples podia usar todo um filme de 36 poses para produzir uma ou duas fotografias que seriam efetivamente aproveitadas na edição final. Isso significa que, ao se falar de um legado de 36 mil imagens em 35 mm, isso pode ser reduzido em verdade a 10% do total, pois 36 mil cliques equivalem a mil filmes de 36 poses, que, num aproveitamento de uma ou duas imagens por filme, redundam em apenas mil ou duas mil fotografias. São realidades diametralmente opostas, pois, se compararmos o filme de 35 mm com a chapa única de grande formato, enquanto que esta última nos oferecia a obra final, o filme de 35 mm apresentaria de forma desordenada tanto os esboços descartáveis quanto a obra final. Por essa razão, o extremamente rigoroso Henri Cartier-Bresson exigia que os postulantes a uma vaga na agência Magnum lhe apresentassem as pranchas de contato (consignadoras da integridade do filme) e não a simples imagem isolada, que poderia ser fruto de um acaso feliz. O que Cartier-Bresson desejava verificar era o registro, a maneira como cada fotógrafo desenvolvia seu pensamento e equacionava os problemas propostos pelas diversas situações específicas. O mundo de grande formato é mais técnico e implacável, enquanto o mundo do pequeno

---

5. BULHÕES, Antonio. *Diário da Cidade Amada: Rio de Janeiro 1922*. Rio de Janeiro: Sextante Artes, 2003. Lembrando que a paixão desse grande carioca por sua cidade se expressou também em *O Rio de Janeiro do Bota-Abaixo*, com fotografias de Augusto Malta e texto de Marques Rebelo além do próprio Dr. Bulhões, editado pela Salamandra em 1997. Obras fundamentais em qualquer biblioteca carioca.

formato é mais maleável e complacente. É quase sempre possível "salvar" algo de um filme de 35 mm, ao passo que uma chapa de grande formato ruim nunca tem recuperação e conhece destino único: a lixeira.

A fotografia clássica se caracteriza por ser um processo de natureza industrial que exige um trabalho de natureza artesanal, evocativo dos antigos processos de gravura, para sua concretização. Enquanto no domínio do digital o praticante não tem acesso tátil à imagem que produz, precisamente pelo fato de ela ser "virtual" e "imaterial", no âmbito da fotografia clássica o fotógrafo põe "a mão na massa". Prepara os químicos, acomoda as películas nos tanques ou nas cubas de revelação e agita-as manualmente durante o processo de revelação, da mesma forma que o faz depois no processo de ampliação (ou de cópia), quando retira manualmente, uma a uma, cada folha de papel de uma bandeja para outra: do revelador para a do interruptor, desta para a do fixador e do fixador para a de lavagem. Existe assim uma conexão manual direta com o produto final que, em muitos casos traz literalmente as impressões digitais do autor ao mesmo tempo que pode deixar suas marcas nele, como no caso das unhas enegrecidas pelo revelador de Walker Evans, o renomado mestre da *straight photography*. Isso faz com que os bons fotógrafos-laboratoristas adquiram um estilo próprio capaz de distinguir e identificar suas obras. Inclusive, em determinados casos, isso pode ser até verificado cientificamente se, por exemplo, a composição química do revelador tiver sido alterada com acréscimo de uma quantidade maior de hidroquinona, para conferir maior contraste; ou, ao contrário, o acréscimo tiver sido de metol, para obter uma gama mais extensa de meios-tons. Da mesma forma, a tomada da foto pode ser alterada pelo uso de filtros, como aqueles utilizados por Cesar Barreto para incrementar as formas das nuvens e destacá-las diante do fundo escurecido do céu como ele o faz com grande eficácia.

Nesse particular, convém esclarecer que a estrutura química dos materiais fotossensíveis se alterou ao longo do tempo, das placas da primeira metade do século XIX ao filme flexível introduzido no final do período e mesmo entre as placas de uma fase e as de outra. Assim, no tempo do colódio úmido, quando Marc Ferrez começou a fotografar, era impossível numa vista panorâmica o registro simultâneo correto da faixa de céu e da área inferior de terra. Essa circunstância fazia com que os céus saíssem sempre lavados e sem nuvens, da mesma forma que o mar costumava se apresentar com aspecto leitoso, sem ondas bem-definidas. Isso fez com que alguns fotógrafos oitocentistas – entre os quais o próprio Ferrez – apelassem para o seguinte estratagema: realizavam algumas tomadas de céus nublados que depois eram combinadas com as paisagens para oferecer um rendimento mais agradável e realista. Com a introdução das placas secas de colódio esse problema foi parcialmente corrigido e podemos notar sensível diferença nas fotografias de Ferrez dos anos 1860 e das décadas de 1880 e 1890, quando realizou o melhor de sua produção. As nuvens permaneceram como um desafio importante para os fotógrafos durante muitas décadas ainda, de tal forma que muitos se empenham em fotografá-las, e, inspirado pela ode de Shelley, *The Cloud*, Alvin Langdon Coburn consagrou uma publicação antológica às nuvens em 1912[6]. Na década seguinte, Alfred Stieglitz fundamentaria seu admirável conceito de *equivalents* – em que a fotografia do mundo exterior é usada para expressar o universo interior do fotógrafo –, sobretudo na fotografia de nuvens. Contudo, sem querer desmerecer ambos os mestres, bem como outros grandes paisagistas que conferiram perenidade à beleza efêmera das nuvens, como Edward Weston, Ansel

---

6. COBURN, Alvin Langdon. *The Cloud*. Los Angeles: C. C. Parker, 1912, contendo seis cópias em platinotipia de 7x5 polegadas acompanhadas do poema de Percy Bysshe Shelley, com tiragem de apenas 60 exemplares.

Adams, Minor White e John Sexton, é possível afirmar que Cesar Barreto é autor de algumas das mais belas nuvens da fotografia mundial. Fotografa também esplendidamente o mar, merecendo menção suas imagens das ressacas tão características do Rio, que Malta e seus contemporâneos também se empenharam em registrar.

Evocando o título de um dos livros de Marc Ferrez, é possível dizer que o passeio fotográfico ao Rio de Janeiro em companhia do fotógrafo Cesar Barreto é uma experiência inesquecível, tanto à beira-mar quanto no Maciço da Tijuca. Nas alturas das quais se avistam panoramas antológicos como os do bairro e da enseada de Botafogo, com o Pão de Açúcar em um extremo e Niterói no segundo plano, panorama que pode ser considerado o maior cartão-postal da cidade. Ou a vista descortinada da Vista Chinesa, uma das perspectivas de predileção do mestre italiano Nicola Antonio Facchinetti, que também percorreu as praias niteroienses para nos legar panoramas antológicos. Seja naquilo que é possível perceber lá no alto, como as grandes porções de área verde evocativas da configuração original da natureza carioca, seja nos pontos específicos, como a Cascatinha Taunay, que leva seu nome em referência ao ilustre proprietário da área, o pintor francês Nicolas-Antoine Taunay; ou mesmo a Pedra da Gávea, apresentando ora seu impressionante paredão rochoso, ora deixando entrever claramente o rosto do imperador, que os mais patriotas associam a nosso D. Pedro II, enquanto os mais fantasistas enxergam conexões com a Esfinge de Gizé, com navegadores fenícios ou até mesmo com visitantes extraterrestres... São vistas e panoramas que privilegiam os acidentes geográficos responsáveis pela configuração topográfica única do arco formador da entrada da Baía de Guanabara, englobando as cidades de Niterói e do Rio de Janeiro, mas que não excluem a representação de áreas densamente construídas, como a Urca, Botafogo, a Lagoa Rodrigo de Freitas ou o Centro, que o carioca chama de Cidade, evocando os tempos em que o Rio se espremia na estreita faixa compreendida entre os morros do Castelo e de São Bento, o mar, a Glória e o Campo de Santana.

Cesar Barreto fotografa sempre qualquer tema e qualquer locação com técnica inexcedível e com grande refinamento estético, o que faz de *Rio Pictoresco* um livro para ficar na história.

PEDRO KARP VASQUEZ é escritor, fotógrafo e curador, autor de 24 livros. Como administrador cultural, foi responsável pela criação do Instituto Nacional da Fotografia da Funarte e do Departamento de Fotografia, Vídeo & Novas Tecnologias do Museu de Arte Moderna do Rio de Janeiro (MAM Rio).

A descoberta da paisagem carioca.
Um percurso na geografia e no tempo.

O RIO EM GRANDE FORMATO

Muito antes de efetivamente vir a apontar minhas lentes para o Rio, tive a felicidade de ser apresentado a numerosos e magníficos exemplares de sua iconografia clássica, obras estas que abrangiam todas as técnicas das artes plásticas e a que se dedicaram multidões de autores desde praticamente sua fundação.

Ao mesmo tempo, contudo, que me deliciava com o trabalho de meus antecessores, ao decidir enfim fazer parte desse seleto time, logo me vi em apuros, pois claramente a cidade já havia sido muitíssimo bem retratada.

O que poderia eu acrescentar de novo, peculiar ou interessante?

Como costuma acontecer, a solução veio naturalmente e nos meados dos anos 1990, quando eu já somava quinze anos de prática de fotografia, minha vocação paisagística estava mais do que consolidada e junto a ela a condição de ter me tornado um autêntico rato de laboratório. Fotografar o Rio só poderia então ser uma incursão por sua natureza e prioritariamente em preto e branco. A questão óbvia que se colocava nesse momento era como oferecer um resultado tão bom quanto o de Ferrez, Klumb, Bippus e outros tantos do passado.

Aqui cabe um parêntesis, lembrando que muitos leigos, às vezes mesmo fotógrafos consumados, têm uma ideia um tanto distorcida quanto à produção do séc. XIX e início do séc. XX, imaginando apenas fotos desfocadas e amarelecidas pelo tempo, mas a experiência mostrou-me justo o oposto, tendo em várias oportunidades me sentido humilhado com a qualidade do que faziam meus ídolos de outrora.

Quando encontramos originais bem-conservados produzidos pelos grandes autores, é comum nos assombrarmos com uma riqueza de tons e detalhes, que facilmente transformam simples imagens em verdadeiros banquetes visuais. Mas que segredo traziam, uma vez que sabemos ser tão limitada a tecnologia da época? Não havia fotômetros; chapéus podiam ser usados a guisa de obturadores enquanto se contavam segundos na ponta dos dedos; filmes e papéis muitas vezes eram de fabricação própria; e as próprias câmeras ainda eram assunto de marcenaria.

Bem, de fato as câmeras podiam ser de madeira, mas uma vital característica não escondiam: eram grandes!

PENSANDO GRANDE

Câmeras de grande formato operam com negativos que podem variar de um palmo até tamanhos descomunais, como algumas chapas panorâmicas de Marc Ferrez, que chegavam a 1 metro de largura. No trato com a natureza, elas nos trazem uma vantagem imediata, qual seja a menor compactação dos elementos da imagem, permitindo então captar maior gama de tons e detalhes. Entender esse conceito é fácil se imaginarmos uma foto que ostente, por exemplo, o Pão de Açúcar, na qual vemos seus quase 400 metros reduzidos a centímetros e perguntamos com que tamanho ficarão as árvores, as pessoas passeando no costão da Urca, os passarinhos etc. Inevitavelmente, na medida em que os detalhes da imagem se mostram cada vez menores, mais difícil se torna sua reprodução, o que aos olhos se traduz como um possível empobrecimento da imagem como um todo. A escola paisagística americana clássica, capitaneada por Ansel Adams & Cia, traz inclusive um lema bem condizente com essa lógica: quanto maior a paisagem, maior a câmera!

Outras características tornam-se evidentes em seu uso, e ver nelas qualidades ou defeitos diferencia de pronto aqueles que estão ou não aptos a brincar com elas. A primeira que se oferece é o peso, que pode facilmente passar de 10, 20 kg quando somamos lentes, acessórios, chapas etc. De fato, não é atividade para os fracos de coração (ou de coluna!), mas o uso quase inevitável do tripé acaba por incorporar uma vantagem, a nosso ver, que é tornar-nos mais lentos e, por consequência, mais cuidadosos. Considerando ainda que typicamente levamos poucas chapas para o campo, fica clara a necessidade de pensar duas vezes antes de clicar, estudando bem enquadramento, foco e demais variáveis.

Outro fator que pode causar estranheza é o uso do inestimável pano preto sobre a cabeça, o que nos rende infinitas comparações a lambe-lambes, mas que ao fim acaba sendo uma excelente ferramenta de isolamento, já que passamos a ver apenas a imagem projetada num grande vidro despolido, sem interferências de demais elementos externos. Esse é um tempo precioso que conquistamos e que pode ser determinante no processo de pré-visualização da imagem que bem mais tarde há de ser construída no laboratório. E será neste campo onde acontecerá a grande mágica da fotografia de grande formato.

UM TRIBUTO À QUÍMICA
Haverá beleza num negativo? Se há, certamente para olhos de poucos, mas um belo negativo sempre trará alegrias aos hábeis na impressão em preto e branco, sugerindo diferentes interpretações, jogos de tons e contrastes, flertes com a irrealidade e toda sorte de intervenções que dependerão apenas do potencial criativo de cada um.

E inegavelmente não há momento mais lindo do que ver a imagem surgir aos poucos numa folha de papel, outrora branca, que é balançada levemente enquanto imersa em química sob a luz âmbar do laboratório. Essa descoberta/invenção do séc. XIX ainda há de ser superada em poder de encantamento por quaisquer das modernidades barulhentas e coloridas de nossos tempos.

Como fui, então, um homem criado e vivido em laboratório, dele dependente qual um caramujo preso à sua carapaça, e foi também este ensaio sobre o Rio inteiramente concebido sob as leis da física e química, achei por bem na execução deste livro seguir fiel a essa abordagem, optando por imprimir as imagens em sua forma original, ou seja, em papel de prata, com todos os cuidados e limitações típicas do processo. E ao fim não foi apenas por fidelidade, pois posso adiantar que foi um mês deveras divertido este que passei interno no laboratório e longe do computador.

O MELHOR DE DOIS MUNDOS
Por mais que privilegie o trabalho no quarto escuro, temos hoje de nos render ao mundo digital quando tocamos adiante o processamento das imagens para impressão gráfica. Nesse ponto, paradoxalmente, torno-me um grande defensor dos tempos modernos, pois vejo que finalmente temos a chance rara de avançar em etapas que antes nos eram completamente estranhas, como escaneamento, preparação de fotolitos etc.

Creio que a união e domínio destas realidades, fotografia analógica e digital, nos oferece uma perspectiva imensa de possibilidades criativas, principalmente pelo fato de que um mesmo autor é plenamente capaz de dominar todas as etapas do processo, desde o clique até a impressão. Naturalmente, tudo isso sugere algum estudo e atualização constante, mas, como ainda não vi contraindicação alguma ao uso intensivo de neurônios, defendo que esta seja uma janela única de oportunidade, coisa impensável anos atrás.

Seguindo esse princípio, uma vez prontas, as ampliações foram reproduzidas em formato digital de 36 Mb, com captura dupla no caso das panorâmicas, ficando inteiramente a nosso cargo o processamento das imagens e sua conversão para o processo de Tritone adotado neste livro. Mesmo admitindo não ser perito na área gráfica, longe disso com certeza, ainda assim acho válida e extremamente rica a oportunidade (e por que não dizer, risco) de acompanhar seu próprio trabalho em todas as etapas.

UMA QUESTÃO DE MEMÓRIA
Como desde as primeiras linhas já assumi uma herança inspirativa vinda dos fotógrafos e artistas pioneiros, imagino que não pareça de todo estranha a intenção de ver estas imagens contemporâneas do Rio repousando em companhia de outras tantas irmãs produzidas no passado. Esse com certeza foi um dos motivos determinantes em ter optado por imprimir todas as imagens no papel fotográfico de minha predileção, independentemente de ser essa a melhor opção técnica ou não, pois ao cabo do processo as ampliações serão doadas a uma instituição de guarda da cidade, garantindo então que, daqui a cem anos, quando todas as fotografias digitais, HDs e cartões de memória já tiverem sumido, teremos enfim belas fotos do Rio a nos lembrar dos tempos idos do séc. XX.

DAS CÂMERAS
E TÉCNICAS

Ao contrário de muitos colegas de profissão, que adotam e consolidam uma obra ao redor de um mesmo formato ou modelo de câmera, sempre tive um gosto declarado pela variedade, ciente de que cada instrumento tem uma personalidade própria e que vem a contribuir com o processo de criação da imagem, no qual suas limitações ou potencialidades específicas sugerem visões diferenciadas.

Ao longo dos anos acumulei uma pequena coleção de câmeras, que adotei como uma família, e no desenvolvimento do presente ensaio sobre o Rio muitas delas, de diferentes formatos e gerações, fizeram-se presentes.

Basicamente elas se dividem em dois grupos bem distintos: de um lado as câmeras de campo, feitas de madeira e que trabalham com filmes em chapas; de outro as panorâmicas, que operam com filmes em rolos no formato 120. Uma particularidade muito atraente do primeiro grupo é que o design dessas câmeras tem uma longevidade extrema, o que me permite usar tanto modelos de última geração, como uma clássica Kodak 2D, de 1932.

Os formatos utilizados foram os de 4'x5' e 5'x7' (chapas com cerca de 10cmx12,5cm e 13cmx18cm, respectivamente) e panorâmicas de 6cmx17cm, com raras incursões no formato de 6cmx24cm. Em grande parte temos objetivas que são intercambiáveis; além disso, nesse setor a idade não é determinante, de modo que na mochila há lentes de gerações diversas.

No laboratório tudo muda de figura. Sempre confiei nos ampliadores Durst Laborator 1.000 e 138, que, mesmo já somando décadas de bons serviços prestados, pretendo que me acompanhem até a última chapa. Que ainda há de aguardar um pouco seu momento, espero eu.

CESAR BARRETO é carioca e soma quase quarenta anos de atuação como fotógrafo, dedicando-se prioritariamente ao registro em grande formato tanto de motivos da natureza quanto do perfil urbano da cidade do Rio de Janeiro. A paisagem carioca foi tema de diversas exposições, entre elas as realizadas no Museu Nacional de Belas Artes em 2000; no Mês Internacional da Fotografia em Quito, Equador, em 2001; na Pequena Galeria 18, entre 2002 e 2003; e na Galeria de Arte Ipanema, em 2009. Algumas de suas obras estão incorporadas às coleções de Joaquim Paiva, Biblioteca Nacional, Coleção Masp/Pirelli, Museu Nacional de Belas Artes e Museu da Fotografia de Curitiba. Atualmente mora na Urca, entre dois cartões-postais.

ENGLISH VERSION

ON THE WAY TO RIO
CESAR BARRETO

Photographers. We may be one of the most diverse groups ever seen, herding from the hyper equipped amateur who snoops on birds, to the fearless reporter facing bombs day to day. Between one and the other, an infinity of professionals with interests and languages so diverse, but joined by a trait in common: the passion for the trade. And this must have been my main motivation in these 38 years of my career.

Having discovered the charms of the red light, of the power to fixate things that enthralled me and even reach for their synthesis, the ideal crop, the best translation in the short scale of the Universe's tones in black and white, all this contaminated me in a definite manner, leaving no room for other interests that might occupy my perspective.

Even if along this route the profession has taken me down unforeseeable paths – having photographed a bit of almost everything since my formative years in Niterói – I clearly perceive that I have upheld firmly the same drive of when I shot my first films, still studying the basics at the Sociedade Fluminense de Fotografia.

The first discovery was that for me the term "doing" photography would have a meaning of its own, that I would have to take a hands-on approach, getting into the chemistry, and actually going through all stages of the process. In this sense, color processing quickly revealed itself to be specially frustrating, or, even worse, irritating, for I would always have to deal with a third party finalizing my work. What would be the fun in this, after all?

The second perception was that I needed and need to ally pleasure with what I do. Photographing Nature, whether in broad scenes or in the minimal details of observation, in macro, soon become the subject of my first photo essays, almost always associated with moments of leisure or existential escape. What better way to rest than to take cameras for an outing on Ilha Grande?

Lastly, what may have always leaded me, though I only realized it after many long years on the road, has been the pleasant illusion of being, at least in part, lord and master of time. Not that the sun or the tides obey me, naturally, but mastery over the function of time is deep down one of the more powerful tools of Photography and by far the one the most attracts me. And in Nature Photography this has a potentiality, for the act of contemplation no longer is a mere intellectual idleness and becomes an inherent part of the creative process. Once the image is mentally established, this will then be frozen in time, probably in a fraction of a second, but it will be present for centuries to come. And then in the next moment we extend again the perception of time, going into the lab and literally halting the world while we give life to a latent image.

The domain over the function of time, not only pleases the spirit, but creates the conditions for fully carrying out our intuition and opens the field for the productive leisure rarely found in the real world.

Putting the pieces together, it's easy to realize how it was inevitable that the landscape of Rio would come to dominate my horizons. As professional life fettered me to coming and going over the Rio-Niterói Bridge, I couldn't avoid recognizing on each corner an image already seen and revisited by authors of the past, or simply not amaze myself with the moments when the lights of Nature decided to transform daily settings into perfect works of art.

Photographing Rio became then an exercise in productive leisure, moments in which I revisit the pioneering *Brazil Pittoresco*, by Victor Frond, at the same time as I have a chance to establish an affectionate documentation of *my* Rio, the one that makes present in me the need to preserve a time when Nature is eternal and embraces rising civilization.

This Rio of *mine* has its own boundaries, not recognized in official maps or computer programs, but I believe it strongly upholds its presence in the mind of all *Cariocas*, native or adopted. A Rio that entrances and inspires us.

VISIONS OF A POSSIBLE PARADISE: CESAR BARRETO'S RIO
PEDRO KARP VASQUEZ

Cesar Barreto is a contemporary master of Brazilian Photography. A fact known to all who have followed his career in the last two decades and which this book comes to corroborate unequivocally, bestowing upon his work the deserved recognition of a printed record.

Rio pictoresco makes clear its affiliation to the illustrious lineage of the great *Carioca* landscapers, who celebrated the city-synthesis of Brazil both in photographs as in paintings, particularly the late 19th Century's Marc Ferrez, a reference that Cesar himself has been concerned to point out in texts or interviews. Furthermore, he studied the master's technique and opted for the use of large format cameras very similar to those used by photographers at the end of the 19th Century and beginning of the 20th.

A technical choice that evinces a line of action in sync with the profound essence of Photography and its visual specificity.

Cesar Barreto is a complete photographer; and we can say one of the most competent in the history of Brazilian Photography. Yes, of all time, including the 19th, the 20th and the present 21st centuries, yet leaving out the next, in which, certainly, classic photography – of film and chemical processing – will no longer exist. It will perhaps been replaced by the "glimpsed image", capable of recording automatically (with the proper framing, the desired colors and the perfect saturation) the mental clicks we all press spontaneously walking down streets, without even the need for the "kino-eye" imagined by Russian filmmaker Dziga Vertov that now seems to find its industrial consubstantiation in Google Glass.[1]

---
1. See: http://www.google.com/glass/start/what-it-does/

The discipline necessary to become an erudite photographer like Cesar Barreto is comparable to that required from an erudite musician, perpetually dedicated to studying, researching and training. There is a huge difference between the photographer who is in charge of the whole process – taking the picture, developing and enlarging it – and the one who limits himself to taking the picture, bequeathing to others the task of developing the film and making the enlargements. There is no depreciation for those who choose the simpler path, in which we can find sacred monsters like Henri Cartier-Bresson, for example. But there's no doubt that the professional who takes on the whole process has something distinctive. It's a situation similar to the singer-songwriter, always more interesting than those who render his songs. Therefore, the authors who photograph, develop their films and process their enlargements should be cast in a superior level to those who don't. For they are the legitimate heirs to the pioneers (forced to make even their own photosensitive material), who outlined the profile of Photography's language in that which it is more distinct and specific, while at the same time endowing humanity with an entirely different way of perceiving the world and relating to reality.

BUILDING A GAZE

There is no innovation without a deep knowledge of tradition. Proof of this lies, for example, with the Nouvelle Vague film movement, produced by filmmakers who for the most part were art critics, gathered notably around the *Cahiers du Cinéma*. Godard, Truffaut, Resnais, Rohmer, Chabrol and Rivette only could renew French cinema in the 60s because they held a deep knowledge of the history and theory of film. Likewise, a photographer's cultural baggage is evident in his own production, as in the cases of Robert Mapplethorpe and Cesar Barreto. The difference in their work is so evident that it could be seen as arbitrary, or even preposterous, to bring them together, and if I did so it was only because both had a similar background in Art, in the sense that they drew directly from the well of their forerunners, under a rare and privileged condition.

Though having studied Drawing, Painting and Sculpture at Pratt Institute, Mapplethorpe only came to know deeply the work and technique of the great masters of Photography through the magnificent collection amassed by Sam Wagstaff, a collector and curator with whom he had a lasting love relationship and who was his main supporter. At Wagstaff's home, Mapplethorpe had the opportunity to examine closely, repeatedly, at length, with the images at hand, the work of masters that could only be seen in exhibitions or in museum's collections storages. There is the distance caused by frames in the first case, and multiple impediments (like the use of gloves and the tactile distance offered by passé-partout or the use of acetate sleeves) in the second case.

Cesar Barreto never studied formally, on an academic level, Photography or Art, but he had the opportunity to mingle closely with the most diverse art forms in a more intense and diversified manner than many curators, conservators or teachers. This because for over two decades he worked with reproducing or photographing works of art to be printed in all sorts of publications. Present at the most prestigious institutions of Brazil, such as the National Art Museum, the National Library, the National Archives, the Imperial Museum, the National History Museum, the Modern Art Museum of Rio de Janeiro and dozens more, Cesar had at hand paintings, sculptures, drawing, etchings, photographs, books and documents of the most diverse nature and medium. And examined them with more precision than a good many of the scholars who analyzed these artists' output. On the other hand, for years, Barreto made enlargements for the exhibitions of some of the most important contemporary Brazilian photographers and artists, helping them grant an embodiment to their dreams and visual projects. A double experience that served as a broad apprenticeship, much superior to what could be offered by the best of universities.

TREADING THE SAME LANE, BUT WITH ANOTHER PERSPECTIVE

In several moments Cesar Barreto had his work associated, by him or others, to the legacy of two great masters of *Carioca* Landscape Photography: Marc Ferrez and Augusto Malta. On some of these occasions he pointed out that he has a bigger connection with Ferrez than with Malta, something that, incidentally, is evident to the qualified observer.

Augusto Malta, in his turn, always strived to align his work with that of the greater master of late 19th Century Photography, whom he frequently sought to ask for technical advice or simply to immerse in the creative atmosphere of his illustrious predecessor. Marc Ferrez was son and nephew to illustrious sculptors, members of the French Artistic Mission, respectively Zéphyrin Ferrez (pioneer of medal engraving in Brazil) and Marc Ferrez, of whom he inherited his first name. And when he became an orphan he was befriended in Paris by another sculptor and medal engraver, a huge friend of his father, who took over his education: Alphée Dubois. So in photographer Marc Ferrez's education there was no sort of denial or disavowal of the classic norms that governed the main artistic disciplines of his time. On the contrary, Ferrez introjected in an absolutely natural organic fashion the classic artistic principles, applying them and adapting them masterly to Photography, while at the same time incorporating the specific techniques of this new art form, in a process of harmonic symbiosis that helped mold the syntax of Photography.

In a similar fashion, Cesar Barreto absorbed thousands of images and hundreds of visual codes during his time with the artwork of great photographers and artists he had to reproduce in museums and libraries. In this manner, through a process of selective osmosis, he incorporated what seemed valid to him in the art of the past, revitalized this legacy with a profound technical research, establishing the basis for a landscape work of great value. He created a true *ouvre*, which certainly constitutes one of the last great authorial sets of classic Photography, that which is made in black & white on a film base of silver and gelatin. For, despite the determination of some and the revivalist efforts of others, there will come a time in which the industry will cease to supply the market with material manufactured traditionally and the migration to digital images will happen in a definite and relentless way. While this doesn't come about, Barreto walks the razor's edge, seeking the best of two worlds, in a healthy fusion between Photography's traditional techniques and the welcome innovations provided by digital images. And in his case the latter takes place only in the final treatment of negatives and never when creating the images.

Therefore, regarding the act of photographing in itself, Cesar Barreto continues to strictly obey tradition, following in the paths traced by the forebears of *Carioca* landscape photography; yet unfolding new horizons, from his own personal experiences and also from the evolution Photography underwent in the century and a half before he entered the stage as a photographer. In such a manner that when he does views of the same places photographed by some of the great names of late 19th Century landscape photography it's in a differentiating and refreshing way.

The views and the panoramas gathered in *Rio pictoresco* focus mainly on Rio de Janeiro's and Niterói's seashore, but also contemplate aspects of the hills and mountains of the Tijuca Range. The cities blend and combine into each other in what they have identical: the privileged topography, lauded in verse and prose, that seems to have been born fated to serve as a setting for photo shoots and a movie and television set. The celebrated epithet "cidade maravilhosa" (marvelous city) was bestowed upon Rio by writer Coelho Neto in 1908 and widely made popular after 1934 with the *Carnaval* song "Cidade Maravilhosa" by André Filho. All of this is known, continuously repeated and never disputed, for the city is in fact marvelous, the only doubt being if it is the most beautiful city in the world or just one of the ten most beautiful, in a pseudo argument as idle as insoluble. But it's interesting to recall that the city's fame didn't start then, but much earlier, in the early 19th Century, when Salvador and Recife were more beautiful from an architectural and urbanistic point of view, and benefiting likewise from absolutely singular topographies. In effect, the dean of Brazilian historians, Luis Gonçalves dos Santos (Father Perereca), in his account of Portuguese Emperor Dom João VI's arrival in Brazil in 1808, didn't hesitate to exclaim: "Rio de Janeiro, city the most felicitous of the New World"![2] Add to this the fact that the city has also been, in succession, capital of the Colonial Government, capital of the Empire and capital of the Republic, and it's easy to understand why Rio was and still is the city most portrayed by the means of artistic expression. A circumstance that makes it even harder for contemporary authors to photograph the city with a consistent and renewing approach, a feat achieved by Cesar Barreto.

---

[2]. SANTOS, Luís Gonçalves dos. *Memórias para servir à História do Reino do Brasil*. Brasília: Edições do Senado Federal, 2013, pg. 295.

CONVERGENCES, PARALLELISMS AND EXPANSIONS

Among the pioneers of *Carioca* landscape photography are Revert Henry Klumb, Victor Frond, Augusto Stahl, George Leuzinger, Marc Ferrez e Juan Gutierrez, with the last three adventuring to the other side of Guanabara Bay. Among them, Marc Ferrez was who visited Niterói the most. However, when Cesar Barreto wanders now, in the 21st Century, down the same paths on the Niterói shoreline that the master treads in the 19th Century, he focuses on the scenery under a very different gaze. Ferrez, like most of the late 19th Century landscape photographers, favored topographic description. Especially because here in Brazil – due to the Portuguese interdicting any portrayal of the country, overruled only after the Portuguese royal family transferred its court to Brazil, in 1808 – in many cases photographers were the first to portray certain regions. Evidently, this wasn't the case of Rio de Janeiro, which as seat of the Colonial Government had always held the attention of the so-called traveling artists, the only ones who managed to circumvent the Portuguese decree. However, in the case of Niterói, so close to Rio, it's interesting to recall that the first assemblage of painters to celebrate its scenery in a systematic manner, the Grimm Group, did so two decades after the first photographers. The instructive efforts of Georg Grimm in the region took place between 1884 and 1886, while George Leuzinger had already registered the city in photographs around 1865, receiving in fact an award in the 1867 Universal Paris Exposition with some images of his visits there.

Leuzinger and Stahl, Ferrez or Gutierrez were, therefore, naturally made to assume a topographic descriptive approach thanks to the pioneering nature of their landscape records. While Cesar Barreto's view is more interpretive than descriptive, as we can verify if we compare his view of Boa Viagem Island, reproduced here, with some images of his predecessor. Marc Ferrez photographed the island beautifully, but was concerned with framing it from Boa Viagem Beach, showing the little bridge that made the connection with the continent at high tide, fishermen hauling in their net on the sand... In short, presenting a complete and descriptive repertoire of this lovely island, one of the most ancient places men occupied in this country. And whose name of glad tidings, Good Journey, comes from the custom of travelers who in old times sought out the little church high on its hilltop, giving thanks for the safe crossing of the Atlantic in a period before steamboats, when shipwrecks weren't rare and the trip between Europe and Brazil could be long and nauseous.

Contemporary landscape photographers have long been freed from the obligation to furnish a methodical and broad visual description of the sites they focus upon, for there already are numerous records of a topographic sort of the landscapes in the State of Rio, including aerial ones. So Cesar Barreto had the opportunity to concentrate on expressing himself personally in his work, for as William Jenkins explained as curator for the outstanding exhibition *New Topographics: Photographs of a Man-Altered Landscape*[3], the most important now is the personal approach and not the mere documental record. And what was true about 40 years ago is even more true today, when satellites photograph every square meter of the planet while Google Street View cameras do the same on the ground, in such a way that soon there won't be a single centimeter of virgin soil in Earth's urban zones.

---

[3]. Inaugurated on January 1875 at the George Eastman House International Museum of Photography, in Rochester, USA.

On focusing upon other stretches of the Niterói shoreline, Cesar Barreto does so with a freedom to create, offering us vistas and panoramas that seek not only to inform but to inspire, enrapture and fascinate. Images made under conditions of a strong backlight, reducing the mountains to a black mass in which buildings disappear or become indistinct, so that the beauty of the composition may prevail. In certain cases, iconic landscape references, like Sugar Loaf or Corcovado, may disappear behind the curtain of clouds accentuated by the use of filters able to transform a matter-of-fact nightfall into a gorgeous vision, or storm clouds into an apocalyptic epiphany. While Rio's skyline seen from the surroundings of the road to Santa Cruz Fortress, in the Niterói neighborhood of Jurujuba, transmutes into an unforgettable vision, remindful of those that perchance Americo Vespucci and his journey companions beheld as they became the first Europeans to cross the Bay's entrance on January 1st, 1502.

DIVING INTO A RIO OF LIGHT [4]

By favoring the shoreline, Cesar Barreto's photographic route follows in some cases those of late 19th Century photographers, but with a noticeable angular difference in the paths covered. Rio de Janeiro has undergone successive landfill procedures through time, such that the Copacabana Beach immortalized by Marc Ferrez in its quite primitive state and the one by Augusto Malta, who captured its urbanization and architectural expansion, no longer exist. Ancient sand and sidewalk were swallowed by the second street lane (with traffic going from Posto 6 to Downtown) and by the wide promenade. Likewise, the whole beachfront from the Port Area to the foot of Sugar Loaf has been landfilled in successive moments: the creation of the Beira Mar (Sea Front) Avenue, later encapsuled by the Gloria,

---

[4]. Recapturing here, by way of a tribute, the nice title for the Fondo de Cultura Económica do México's photography collection.

Flamengo and Botafogo landfills, as the several little beaches, coves and harbors of Saude and Gamboa disappeared with the amendments to the docks at Rio's port. The most spectacular change in this sense was the creation of Urca, a neighborhood so esteemed by Cesar Barreto, also fruit of a substantial landfilling process beginning with the preparations for the 1908 National Exposition. Similarly, in Rio's central area, a large part of this region – where now there's Santos Dumont Airport and the Museum of Modern Art – sprang from the landfilling done for the second great exposition of Brazil's Republic, the 1922 National Exposition. The city has changed so much and in such a continuous manner that, paraphrasing the well known spiritualist saying that it's impossible to bath twice in the same river, we may say that no one photographs twice the same Rio de Janeiro. This Rio where lies the unsettling company of splendor and misery in a dream setting, as if Heaven's Gate opened directly upon the Gates of Hell, conjoining the all and the nothing in the same possibility of beauty and perfection eternally differed.

CURVES AND SINUOSITIES UNDER THE SWEET GLIDE OF THE LOVING GAZE

Oscar Niemeyer always stressed the fact that his Architecture full of curves was directly inspired by the feminine sensuality of the *Carioca* landscape. The same can be said about Cesar Barreto's photography, akin to a love affair with Rio and Niterói's landscapes, which by coming together at the entrance of Guanabara Bay enfold the spectator like the caressing embrace of a loved one. In this sense we can say that as some texts from the Christian mythos – notably those by Saint Teresa of Ávila and Sor Juana Inés de la Cruz – are impregnated with the sensuality of love letters to the Beloved One, Cesar´s photographic panoramas and vistas are visual love messages to the Beloved City, as Antonio Bulhões so beautifully called it.[5]

All the water references made here before were not unwarranted, yet served to anticipate the reveal that Cesar Barreto is an expert swimmer, which makes him someone who literally dives into the city, apprehending it differently from the normal observer, even from the inspired ramblers like João do Rio or Lima Barreto, who always described the city from the walker's point of view. When he's swimming, Cesar contemplates the city from the same ocean perspective as surfers, fishermen and the first navigators who saw it appear from the morning mist – when their ships penetrated the bay at dawn – or from the endless rise and fall of the waves. So it's hardly amazing that the human figures which are most present in his images are bathers, framed with a backlight so as to transform them into symbolic characters – involuntary extras in a work of art – and not into identifiable creatures, with an ID, driver's license and a voting card. They are men, women and children that are all of us and none of us at the same time, to perpetuate beauty in the silver salts of Photography.

In this sense, it's worth pointing out that Cesar Barreto has been striving to constitute a true photographic *ouvre*, producing an imagistic *corpus* of great significance and undeniable aesthetic value. There are several photographs born already preordained to permanence and acclaim, and it's important to keep in mind that for a photographer who operates with large format cameras this has a totally different meaning from the output of photographers who operate with 35mm or digital image technology. Large format photography produces each time a single image, click to click, unhurriedly and reflexively, in such a way that the image preserved after discarding those eventually flawed is always a work of art in itself. While a press photographer on receiving a simple assignment may use a whole roll of 36 exposures to produce one or two photos which end up being effectively used in the final edition. Which means that when you hear of a legacy of 36 thousand images in 35mm, this can be actually decreased to 10% of this total, for 36 thousand clicks equal a thousand films with 36 exposures, which, with a usage of one of two images per film, result in just one or two thousand photographs. These are realities diametrically apart, for, if we compare the 35mm film with the single large format plate, while the latter would offer us the final work of art, the 35mm film would present in an unruly fashion both the throw-away

---

5. BULHÕES, Antonio. *Diário da Cidade Amada: Rio de Janeiro 1922*. Rio de Janeiro: Editora Sextante Artes, 2003. Reminding that this great Carioca's passion for this city also expressed itself in *O Rio de Janeiro do Bota-abaixo*, com photographs by Augusto Malta e text by Marques Rebelo and Dr. Bulhões himself, published by Salamandra in 1997. Fundamental works in any library on Rio de Janeiro.

drafts and the final work. A reason why the extremely strict Henri Cartier-Bresson would demand that postulants to a seat in the Magnum agency present to him their contact sheets (consigner of the film's integrity) and not the simple isolated image, which could be fruit of a happy fortuity. What HCB wished to verify was the capture, the way in which each photographer unfolded his thoughts and solved the problems put forward by the diverse specific situations. The large format world is more technical and ruthless, while the small format world is pliant and willing. It's almost always possible to "save" something off a 35mm, while a bad large format plate cannot be recovered and knows a single fate: the garbage pail.

Classic Photography is characterized by being a process of an industrial nature that requires working in a homemade fashion, reminiscent of the ancient process for etchings, due to its solidness. While in the digital domain the practitioner doesn't have a tactile access to the images he produces - precisely for them being "virtual" and "immaterial" - in the field of classic photography he "gets his hands dirty". He prepares the chemicals, settles the films in the tanks or developing cubes and shakes them manually during the development process, in the same way as later in the enlargement (or copying) process, when he removes manually, one by one, each paper sheet from one tray to the other: from developer to stopper, from stopper to fixer and from fixer to rinser. So there is a direct manual connection with the final product that in many cases carries literally the author's fingerprints, while at the same time leaving its marks on him, as in the case of Walker Evans, the renowned master of straight photography, and his fingernails blackened by developer. This leads the good photographer-laboratorist to acquire a style of his own, distinguishing and identifying his work. And that, in some cases, can even be verified scientifically, if, for example, the developer's chemical composition has been altered with the addition of a larger amount of hydroquinone to increase the contrast, or, the opposite, an increase of metol, to reach a broader range of halftones. In the same way that the capture of a photo can be altered by the use of filters, like those used by Cesar Barreto to augment the shape of clouds and detach them from the darkened background of the sky, something he does with great efficacy.

In this particular, one must clarify that the chemical structure of photosensitive material has changed along time, from the plates in the first half of the 19th Century to the flexible film introduced by the end of the period and even between the plates of one phase and another. So, in the days of humid collodion, when Marc Ferrez began to photograph, it was impossible in a panoramic view to register correctly the stretch of sky and the inferior area of land simultaneously. A circumstance that made the sky always appear washed out and cloudless, in the same way that the sea would be presented with a milky aspect, with no well defined waves. This led some late 19th Century photographers – among them Ferrez himself – to resort to the following scheme: they would do some takes of overcast skies that were later matched with the scenery to offer a more agreeable and realistic rendering. With the introduction of dry collodion plates this problem was partially rectified and we can notice a noticeable difference in Ferrez's photographs from the 1860s and from the 1880 and 1890 decades, when he created the best of his work. Clouds remained an important challenge for photographers for many decades yet, so much that many of them endeavored specifically to capture them. Inspired by Shelley's ode, *The Cloud*, Alvin Langdon Coburn dedicated in 1912 a memorable publication to clouds[6]. In the next decade, Alfred Stieglitz would base his admirable concept of equivalents = in which photography of the exterior world is used to express the photographer's interior universe – mostly on photographing clouds. However, not wishing to depreciate both the masters, as well as other landscape photographers who granted perpetuity to the ephemeral beauty of clouds, like Edward Weston, Ansel Adams, Minor White and John Sexton, one may state that Cesar Barreto is author to some of the most beautiful clouds in world photography. He also photographs splendidly the sea, and his images of surf pounding on the shore, so typical of Rio, that Malta and his contemporaries also endeavored to capture, are worthy of mention.

---

[6]. COBURN, Alvin Langdon. *The Cloud*. Los Angeles: C. C. Parker, 1912, containing six copies in 7 x 5 inches platinotypes accompanied by Percy Bysshe Shelley's poem, with a printing of only 60 copies.

Evoking the title of one of Marc Ferrez's books, it's possible to say that a photographic stroll through Rio de Janeiro in the company of photographer Cesar Barreto is an unforgettable experience, both at the seaside as in the Tijuca Mountain Range. In the heights from which you can see outstanding panoramas such as the neighborhood and harbor of Botafogo, with Sugar Loaf on one extreme and Niterói in the background, a panorama that can be considered the city's postcard. Or the view as it unfolds from Vista Chinesa, one of the favorite perspectives of Italian master Nicola Antonio Facchinetti, who also covered the beaches of Niterói to bequeath us memorable panoramas. Be that which is possible to glimpse from up high, like the large portions of green area which evoke the original configuration of Rio's nature, or specific spots, like the Taunay Waterfall, which owes its name in reference to the illustrious owner of the place, the French painter Nicolas-Antoine Taunay; or even Gávea Rock, presenting sometimes its amazing stone cliff, sometimes clearly the emperor's face that the most patriot among us associate to our Dom Pedro II, while those prone to fantasy see connections with the Sphinx of Giza, with Phoenician navigators or even with extraterrestrial visitors... They are views and panoramas that favor the geographic formations responsible for the unique topographic configuration of the arch forming the entrance to Guanabara Bay, encompassing the cities of Niterói and Rio de Janeiro. But not excluding the portrayal of densely occupied areas, like Urca Botafogo, Rodrigo de Freitas Lake or even Downtown, that *Cariocas* call The City, evoking times when Rio wedged itself in the narrow stretch comprised of the Castelo and São Bento hills, the sea, Gloria and Santana Field.

Cesar Barreto always photographs any theme and any location with unsurpassed technique and with great aesthetic refinement, which make *Rio pictoresco* a book to remain in History.

PEDRO KARP VASQUEZ is a writer, photographer and curator, author of 24 books. In Cultural Management, he was responsible for creating the National Photography Institute at the National Arts Foundation (Funarte) and the Photography, Video & New Technologies Department at the Rio de Janeiro Museum of Modern Art (MAM Rio).

RIO IN LARGE FORMAT
CESAR BARRETO

Way before I effectively began to turn my lens on Rio, I was delighted to be introduced to several and magnificent examples of its classical iconography, works that encompass all of Art's techniques and to which multitudes of authors dedicated themselves since practically the founding of the city.

However, at the same time as I delighted myself with the work of my predecessors, upon deciding to be a part of this select team, I soon found myself in distress, for clearly the city had already been pictured extremely well. What could I add of new, peculiar or interesting?

As usually happens, the solution came naturally. In the mid 90s, having already reached 15 years of a practice in Photography, my vocation for landscapes was more than consolidated and with it came the condition of having become a true lab rat. Photographing Rio could only be translated then by means of an incursion through its nature and composed primarily in black & white. The obvious question at that moment was how to offer a result as good as those of Ferrez, Klumb, Bippus and so many others from the past.

I should put in a parenthesis here, reminding that many laymen, sometimes even accomplished photographers, have a distorted idea on the 19th century and the early 20th century's production, imagining only photographs out of focus, yellowed by time. Yet experience has showed me quite the opposite, having on several occasions felt humbled by the quality of what my idols of yore were doing.

When we encounter well preserved originals produced by the great authors, it's usual to amaze ourselves with a richness of tones and details, which easily transform simple images into real visual banquets. But how did they manage such prowess, for we know how limited technology was then? There were no photometers, hats could be used in lieu of shutters while seconds were counted off fingertips, films and papers were mostly homemade and the cameras themselves were still a thing of carpentry. What triumph could come from under the black cloth?

Well, the cameras could indeed be made of wood, but they couldn't hide a vital attribute: they were big!

THINKING BIG

Large format cameras operate with negatives that can vary from under a palm to extraordinary sizes, like some panoramic plates of Marc Ferrez that were one meter long. In dealing with Nature, they grant us an immediate advantage, which is less compression of the image's elements, making possible the capture of a larger range of tones and details. Understanding this concept is easy if we imagine a photo that displays the Sugar Loaf, for example, where we see its height of almost 400 meters reduced to centimeters and wonder which size the trees, the birds, people passing on the Urca shoreline, etc., will be. Inevitably, as the images' details become more and more small, more difficult their reproduction will become, which to our eyes appears as a possible depletion of the image as a whole. The classic American landscape school, headed by Ansel Adams & co, has indeed a motto quite befitting to this logic: the bigger the landscape, the bigger the camera!

Other features become evident by use, and to see in them qualities or defects readily differentiates those who are or aren't apt to play with them. First up is the weight, which can easily go over 10 or 20 kilos when you add up lens, accessories, plates etc. Indeed, this isn't an activity for the weak at heart (or at spine!) but the almost inevitable use of a tripod does incorporate an advantage, which is making us slower, and consequently, more careful. Also, considering that we take few plates to the field, the need to think twice before clicking, to study well the composition, the focus and other variables, is evident.

Another factor that may cause strangeness is the use of the priceless black cloth over one's head, which produces endless comparisons to the ancient street photographers, but which in the end turns out to be a great tool for isolation, since we then see the image projected upon a large unpolished glass, with no interference from outside elements. This is a precious time we gain and one that can be decisive in the pre-visualization process of the image that later on will have to be constructed in the lab. And it is in this field that the great magic of large scale photography will take place.

A TRIBUTE TO CHEMISTRY

Can there be beauty in a negative? If there is, certainly for the eyes of few it appears, but a beautiful negative will always bring joy to those skilled in b&w printing, suggesting different interpretations, tone and contrast patterns, flirts with unreality and all sorts of interventions dependant only on each one's creative potential.

And undoubtedly there's no moment more beautiful than seeing the image appear slowly on a sheet of paper, formerly white, jiggled slightly while immersed in developer under the amber light of the lab. This discovery/invention of the 19th century has yet to be surpassed in enchanting power by any of the noisy and colorful modernities of our times.

As I am, then, a man bred and grown in laboratories, dependent on them like a snail stuck to its shell, and this photo essay on Rio having been entirely conceived under the laws of Physics and Chemistry, I thought it wise to follow this approach faithfully in creating this book, choosing to print the images in their original form, that is, on silver paper, with all the cares and limitations typical of this process. I must confess, however, to not having been moved only by accuracy, for I can forward that it was a month quite amusing, the one that I spent confined in the lab and away from the computer.

THE BEST OF TWO WORLDS

As much as we privilege the work in the darkroom, we have to surrender ourselves today to the digital world when we proceed to processing the images for printing in a book. At this point, paradoxically, I become a great defender of modern times, for I see that finally we have the chance to advance in steps that formerly were completely strange to us, such as scanning, preparing printing plates, etc.

I believe that the union and mastery of these realities - analog and digital photography - offer us a huge perspective of creative possibilities, due mostly to the fact that the same author is fully capable of embracing all the steps involved in the process, from click to printing. Naturally, all of this indicates some studying and constant updating, but as I have yet to see any counter effects to the intense use of brain cells, I maintain that this is a unique window of opportunity, something unthinkable years ago for a young apprentice.

Following this principle, once ready, the enlargements were reproduced in a digital format with 36Mb, with a double capture in the case of panoramas, falling entirely to us to process the images and convert them to the Tritone process adopted in this book. Even admitting that I am not an expert in the graphic field – certainly I'm far from it – I still consider the opportunity (and risk) to follow your own work in all its stages valid and extremely enriching.

A QUESTION OF MEMORY

Since from the first lines here I have assumed the heritage of inspiration passed on by the pioneer photographers and artists, I imagine my intent on seeing these contemporary images of Rio resting in the company of so many others made in the past won't sound strange. This certainly was one of the determinant reasons for having chosen to print all the images on the photographic paper of my predilection, regardless of this being the best technical choice or not, assuring that, 100 years from now, when all the digital photos, HDs and memory cards are gone, we shall have lovely photographs of Rio to remind us of the times gone by in the 20th century.

OF CAMERAS AND TECHNIQUES

Unlike many of my colleagues, who choose and consolidate their work around the same camera format or model, I've always stated my taste for variety, aware that each instrument has its own personality and can contribute to the image creating process, where their limitations or potentialities suggest different visions.

Along the years I have accumulated a small camera collection, which I have adopted as a family, and in developing the present photo essay on Rio many of them, of different sizes and generations, presented themselves.

Basically they are divided into two very distinct groups: on one side the field cameras, made of wood and working with plate film; on the other the panoramic, operating with rolls of film in the 120 format. A peculiarity quite attractive in the first group is that the design of these cameras has an extreme longevity, which allows me to use not only last generation models but also a classic Kodak 2D, from 1932.

Formats used were 4'X5' and 5'X7' (plates with about 10cm x 12.5cm and 13cm x 18cm, respectively) and panoramas of 6cm x 17cm, with rare incursions in the 6cm x 24cm format. Mostly we have interchangeable lens, and in this department age too isn't determinant, as I have in my pack lens from several generations.

In the lab it's a different tune. I have always trusted Durst Laborator 1000 and 138 enlargers. While adding up to decades of good services rendered, I intend them to follow me to the last plate. That still must wait a bit for its moment, I hope.

CESAR BARRETO

Cesar Barreto is a *Carioca*, with almost forty years of activities as a photographer, dedicated primarily to a register in large format both of Rio de Janeiro's nature themes and its urban profile. This city's landscape has been the theme of several exhibitions, among them those put on for the Museu Nacional de Belas Artes (National Art Museum) in Rio, in 2000; for the International Photography Month in Quito, Ecuador, in 2001; for the Pequena Galeria 18, between 2002 and 2003; and for the Galeria de Ipanema, in 2009, these last two in Rio. Some of his works have been incorporated into the collections of Joaquim Paiva, Masp/Pirelli, the Biblioteca Nacional (National Library), the Museu Nacional de Belas Artes (National Art Museum) and the Museu da Fotografia (Photography Museum) of Curitiba. Presently he lives in the Urca neighborhood, between two post cards of Rio.

ÍNDICE DAS IMAGENS

SUDOESTE NO PÃO DE AÇÚCAR, 2001
SOUTHWEST ON SUGAR LOAF

MANHÃ NA VISTA CHINESA, 1999
MORNING AT VISTA CHINESA

CORCOVADO ENTRE NUVENS, 2011
CORCOVADO AMONG CLOUDS

VISTA DA URCA, 2011
VIEW FROM URCA

VISTA DO MAC, 1997
VIEW FROM MAC MUSEUM

FIM DE TARDE NO ARPOADOR, 2001
LATE AFTERNOON AT ARPOADOR

ILHA DA BOA VIAGEM, 1995
BOA VIAGEM ISLAND

RIO DE PERFIL, 1995
RIO'S SKYLINE

ENTRADA DA BAÍA DE GUANABARA, 1996
MOUTH OF GUANABARA BAY

RIO PANORÂMICO, 1996
PANORAMIC RIO

VISTA DE SANTA TERESA, 1996
VIEW FROM SANTA TERESA

ARCOS DA LAPA, 1999
LAPA AQUEDUCT

CENTRO VISTO DO RIO-ORLA, 1997
DOWNTOWN SEEN FROM RIO'S SHORELINE

IGREJA DA GLÓRIA, 1997
GLORIA CHURCH

VISTA DA MARINA DA GLÓRIA, 1999
VIEW FROM GLORIA MARINA

ATERRO DO FLAMENGO, 2006
FLAMENGO PARK

MARINA DA GLÓRIA, 2001
GLORIA MARINA

VISTA DA BAÍA DE GUANABARA, 2012
VIEW FROM GUANABARA BAY

INVERNO NA PRAIA DO FLAMENGO, 2001
WINTER ON FLAMENGO BEACH

RESSACA NA URCA, 1999
SURF POUNDING ON URCA

PRAIA DA URCA, 1999
URCA BEACH

CONVITE À URCA, 2000
INVITATION TO URCA

URCA VISTA DO ATERRO, 1999
URCA SEEN FROM FLAMENGO

URCA COM FLAMENGO AO FUNDO, 1999
URCA WITH FLAMENGO IN THE BACKGROUND

PRAIA VERMELHA, 1996
VERMELHA BEACH

PÃO DE AÇÚCAR AO ANOITECER, 1999
SUGAR LOAF AT DUSK

PÃO DE AÇÚCAR, 2004
SUGAR LOAF

PÃO DE AÇÚCAR VISTO DA PRAIA VERMELHA, 1997
SUGAR LOAF SEEN FROM VERMELHA BEACH

PRAIA VERMELHA, 2001
VERMELHA BEACH

VISTA DO MORRO DA BABILÔNIA, 2000
VIEW FROM BABILONIA HILL

ENSEADA DE BOTAFOGO, 2004
BOTAFOGO COVE

VISTA DO MORRO DA BABILÔNIA, 2002
VIEW FROM BABILONIA HILL

LUA SOBRE A BAÍA DE GUANABARA, 2000
MOON OVER GUANABARA BAY

CORCOVADO, 2000
CORCOVADO

CASCATINHA TAUNAY, 2001
TAUNAY CASCADE

RIO EM GRANDE FORMATO, 2001
LARGE FORMAT RIO

VISTA NOTURNA DO MORRO DA URCA, 2003
NIGHT VIEW FROM URCA MOUNTAIN

PÔR DO SOL NO MIRANTE DONA MARTA, 2000
SUNSET OVER DONA MARTA OVERLOOK

VISTA DO MIRANTE DONA MARTA, 1996
VIEW FROM DONA MARTA OVERLOOK

PALMEIRAS IMPERIAIS (JARDIM BOTÂNICO), 2000
IMPERIAL PALM TREES (BOTANICAL GARDEN)

CÉU DE PALMEIRAS, 2000
A SKY OF PALM TREES

JARDIM BOTÂNICO, 2000
BOTANICAL GARDEN

LEME, 2011
LEME

COPACABANA VISTA DO LEME, 2001
COPACABANA SEEN FROM LEME

VISTA DO FORTE DE COPACABANA, 2005
VIEW FROM COPACABANA FORT

VISTA DO CANTAGALO, 2011
VIEW FROM CANTAGALO

LAGOA RODRIGO DE FREITAS, 2001
RODRIGO DE FREITAS LAKE

LAGOA COM PEDRA DA GÁVEA
E MORRO DOIS IRMÃOS, 1997
*LAKE WITH GÁVEA AND DOIS IRMÃOS
MOUNTAINS*

LAGOA EM TEMPOS DE NATAL, 1999
LAKE AT CHRISTMAS TIME

ANOITECER NA LAGOA, 2000
NIGHT FALLS OVER THE LAKE

VISTA DA LAGOA, 2012
VIEW FROM THE LAKE

PEDALINHOS DA LAGOA, 2001
SWAN BOATS ON THE LAKE

TEMPESTADE EM FORMAÇÃO NO ARPOADOR, 1999
STORM BREWING OVER ARPOADOR

MAR AGITADO NO ARPOADOR, 2001
ROUGH SEA AT ARPOADOR

VISTA DO ARPOADOR, 2005
VIEW FROM ARPOADOR

PRAIA DE IPANEMA, 2001
IPANEMA BEACH

RESSACA NO ARPOADOR, 2001
SURF POUNDING ON ARPOADOR

LEBLON E IPANEMA AO ENTARDECER, 2000
LEBLON AND IPANEMA AT DUSK

PEDRA DA GÁVEA, 2002
GÁVEA ROCK

VISTA DA AGULHINHA DA GÁVEA, 2000
VIEW FROM GAVEA TIP

VISTA DA PEDRA BONITA, 2011
VIEW FROM BONITA ROCK

MORRO DO COCHRANE, 2001
COCHRANE HILL

MANHÃ DE ABRIL NA URCA, 2000
APRIL MORNING AT URCA

VISTA DO PARQUE DOIS IRMÃOS, 2012
VIEW FROM DOIS IRMÃOS PARK